VENTE
Du Lundi 23 Avril 1906
HOTEL DROUOT, SALLE N° 11
à deux heures

EXPOSITION PUBLIQUE
Le Dimanche 22 Avril 1906
DE 2 HEURES A 5 HEURES 1/2

OBJETS D'ART

ET

D'AMEUBLEMENT

Anciens et de Style

BRONZES, PORCELAINES, FAIENCES

TABLEAUX ANCIENS

Objets variés

TAPIS D'ORIENT, ÉTOFFES

COMMISSAIRE-PRISEUR
Me LAIR-DUBREUIL
6, rue de Hanovre

EXPERTS
MM. PAULME & B. LASQUIN FILS
10, rue Chauchat. — 12, rue Laffitte

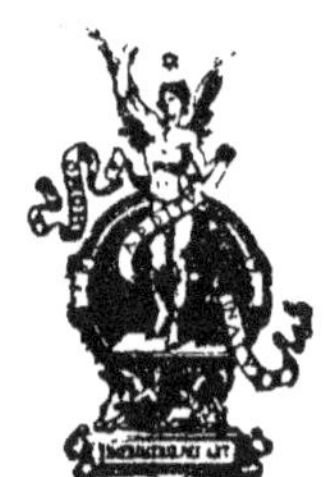

CATALOGUE

DES

OBJETS D'ART

ET

D'AMEUBLEMENT

Anciens et de Style

SECRÉTAIRE LOUIS XVI, BUREAUX ET BAHUT LOUIS XV,
SALLE A MANGER EN BOIS LAQUÉ,
CHAMBRE A COUCHER STYLE LOUIS XV, TABLES DE SALONS,
SIÈGES

BRONZES, PORCELAINES, FAIENCES

Quatre Grands Vases en Porcelaine de Chine

TABLEAUX ANCIENS

DESSINS — GRAVURES

Objets variés

BELLE CARPETTE D'ORIENT — ÉTOFFES

DONT LA VENTE AURA LIEU

HOTEL DROUOT, SALLE N° 11

LE LUNDI 23 AVRIL 1906

à deux heures

COMMISSAIRE-PRISEUR	EXPERTS
Me LAIR-DUBREUIL	MM. PAULME et B. LASQUIN FILS
6, rue de Hanovre	10, rue Chauchat | 12, rue Laffitte

Chez lesquels se distribue le présent Catalogue

EXPOSITION PUBLIQUE

Le Dimanche 22 Avril 1906, de 2 h. à 5 h. 1/2

CONDITIONS DE LA VENTE

Elle sera faite au comptant.

Les adjudicataires paieront *dix pour cent* en s us des enchères.

Paris.— Imprimerie de l'Art, E. Moreau Et Cie, 41, rue de la Victoire.

DÉSIGNATION

MEUBLES

ANCIENS ET DE STYLE
SIÈGES

1 — Grand meuble-secrétaire en acajou, à abattant central, ouvrant dans le bas à deux vantaux pleins, et dans le haut à deux portes vitrées. Époque Louis XVI.

2 — Table de salon, en bois de placage richement orné de bronzes ciselés et dorés ; bandeau décoré de bas-reliefs à figures d'amours. Dessus en panne rose. Style Louis XVI.

3 — Salle à manger en bois sculpté et laqué blanc, composé de : un buffet pannetière, un dressoir, une table ovale sur pieds cannelés et huit chaises cannées.

4 — Bureau en bois verni, décoré d'incrustations d'ivoire, représentant dans des médaillons des paysages avec pagodes et cavaliers, des fleurs, des oiseaux et des insectes ; surmonté d'une étagère sculptée à jour. Travail chinois.

5 — Chambre à coucher en noyer sculpté et ciré, de style Louis XV, composé de : un lit de milieu, une armoire à trois portes à glaces, une table de nuit.

6 — Meuble à musique en bois sculpté, laqué blanc à filets dorés, de style Louis XVI.

7 — Table coiffeuse en bois sculpté et laqué blanc, dessus de peluche et glace. Style Louis XVI.

8 — Table en bois sculpté, de style Renaissance.

9 — Table-bureau en bois sculpté, de style Louis XIII.

10 — Paravent à trois feuilles en bois sculpté, de style Louis XVI, la partie supérieure à miroir. Feuilles en soie brodée.

11 — Paravent en bois sculpté à trois feuilles, garnies de tapisseries d'Aubusson, à sujets champêtres dans des médaillons au milieu de rinceaux.

12 — Petit guéridon rond en acajou, à tablettes d'entrejambes, orné de bronzes dorés, galerie de cuivre. Dessus de marbre. De style Louis XVI.

13 — Armoire normande en bois sculpté, le bas garni de deux tiroirs.

14 — Petite console demi-lune en bois sculpté et doré, à dessus de marbre, surmontée d'une glace cadre sculpté et doré, fronton à corbeille de fleurs. Style Louis XVI.

15 — Deux consoles en bois sculpté et laqué en partie doré, de style Louis XVI. Dessus de marbre.

16 — Pannetière et son pétrin en bois sculpté.

17 — Commode en acajou, garnie de cuivre.

18 — Jardinière en noyer, garnie de plaques en ancienne faïence de Delft.

19 — Pendule Louis XV en bois laqué rouge, à fleurettes dorées. Avec socle d'applique.

20 — Lit en bois laqué blanc, d'époque Directoire, capitonné en damas de soie vert. Avec son sommier.

21 — Table en bois sculpté, Louis XIII.

22 — Baromètre en bois sculpté et doré, d'époque Louis XVI.

23 — Bureau Louis XV, forme à dos d'âne, en chêne et marqueterie en bois.

24 — Bahut Louis XV en chêne et marqueterie de bois.

25 — Bureau ouvrant à dos d'âne en bois de rose, garni de bronzes. xviiie siècle.

26 — Fausse cheminée en bois sculpté et laqué. Style Louis XVI.

27 — Table de salle à manger.

28 — Colonne-support en bois sculpté.

29 — Deux grandes bergères à oreillons en bois sculpté et doré, de style Louis XVI, cou-

vertes en soierie brochée à fleurs, sur fond crème.

30 — Deux fauteuils Henri II en bois sculpté, couverts en velours frappé.

31 — Deux chaises en bois sculpté, garnies en ancienne tapisserie au point.

32 — Tabouret long, couvert en ancienne tapisserie au point.

33 — Fauteuil Régence en bois sculpté, garni en tapisserie au point.

3 4 — Trois banquettes, couvertes en étoffe damassée, fond rouge.

35 — Canapé en bois laqué blanc, garni en même étoffe.

36 — Fauteuil Directoire en bois laqué, garni de cretonne.

37 — Fauteuil en bois sculpté et laqué blanc, foncé de canne dorée. Style Louis XVI.

38 — Fauteuil en bois sculpté, de style Louis XIII, siège en tapisserie.

39 — Quatre chaises en bois, recouvertes en panne verte.

40 — Deux chaises légères en bois sculpté et laqué, recouvertes en velours. Style Louis XVI.

BRONZES

41 — Lustre en bronze doré, à six lumières, de style Louis XVI.

42 — Deux paires d'appliques à deux lumières en bronze doré, de même style.

43 — Groupe en bronze, d'après Clodion : Faune et Bacchante.

44 — Vase à couvercle sur piédouche en bronze ciselé, offrant, en ronde-bosse, des figures d'Indiens et des animaux au milieu de feuillages.

45 — Statuette équestre de jockey. Bronze de *P.-J. Mène.*

46 — Deux flambeaux en bronze, à figures d'amours. Premier Empire.

47 — Statuette d'homme en armure, appuyé sur un bouclier. Bronze doré. Signé : *Ru*.

48 — Brûle-parfums en bronze chinois, couvercle ajouré; socle en bronze.

49 — Lustre en fer.

50 — Deux appliques en fer.

51 — Paire de chenets en fer.

52 — Sceau en cuivre repoussé.

TABLEAUX ANCIENS
DESSINS, GRAVURES

BLIN

53 — *Paysage, avec montagnes à l'horison.*
Signé.

BOILLY (Attribué à)

54 — *Portrait d'Homme.*
Dessin au crayon, rehaussé de gouache.

BOILLY (École de)

55 — *Portrait de Femme.*

BREKELENKAMP ('Daprès Van)

56 — *La Marchande de poissons.*
Cadre en bois sculpté.

DAVID (École de)

57 — *Tête de vieillard.*

DEMARNE (Genre de)

58 — *L'Approche de l'orage.*
Paysage maritime.

DUCREUX

59 — *Portrait de Maurice Quentin de Latour.*
Grisaille.

DU JARDIN (Genre de K.)

60 — *Les Approvisionnements au château.*
Cadre en bois sculpté.

LARGILLIÈRE (École de)

61 — *Portrait d'Homme, à perruque poudrée.*
Costume brodé.
Cadre en bois sculpté,

LAERE (1864)

62 — *Etude d'Italienne.*

LINGELBACH (JOHANNES)

63 — *Port italien*

Animé de nombreux personnages.
Signé en bas à gauche.
Cadre en bois sculpté

MAAS (D'après NICOLAS)

64 — *Portrait d'Homme, assis dans un fauteuil.*

MEER (Attribué à VAN DER)

65 — *La Leçon de musique.*

NETCHER (Genre de)

66 — *Portrait de Jeune Femme.*

PILLEMENT

67 — *Petit Paysage montagneux, avec rochers et torrents, animé de personnages.*

QUOST

68 — *Vase de fleurs.*

RUBENS (École de)

69 — *Loth et ses filles.*

Cadre en bois sculpté.

SCHALKEN (Genre de)

70 — *Deux Femmes dans un intérieur.*
Cadre en bois sculpté.

STEEN (Genre de Jean)

71 — *Les Soins maternels.*

ÉCOLE ALLEMANDE

72 — *Petit Portrait d'Homme.*

ÉCOLE FLAMANDE (xvie siècle)

73 — *Sibylle.*

ÉCOLE FLAMANDE

74 — *Le Retour à l'écurie.*
Cadre en bois sculpté.

ÉCOLE FLAMANDE (xvie siècle)

75 — *La Sibylle Agrippa.*

ÉCOLE FRANÇAISE

76 — *Portrait d'Homme.*
En costume de cavalier.

77 — *Clairière.*

ÉCOLE FRANÇAISE

78 — *Paysage, avec cours d'eau, animé de personnages.*

79 — *Paysage avec étangs.*

80 — *Petit Paysage avec cours d'eau et moulin à vent.*

8 0 bis — *Paysage avec moulin à vent.*

ÉCOLE HOLLANDAISE

81 — *Bestiaux au pâturage.*

ÉCOLE MODERNE

82 — *Paysage.*
Aquarelle.

83 — *Paysage avec cours d'eau.*
Peinture sur porcelaine.

---

84 — Gravure en couleurs d'après Debucourt :
la Promenade publique.

85 — Petit portrait de femme en robe bleue.

86 — Deux miniatures d'homme et de femme, et
deux gravures : portraits de cardinaux.

PORCELAINES, FAIENCES

87 — Deux paires de grands vases en porcelaine de Chine, fond blanc, décorés de fleurs, de feuillages et d'oiseaux en émaux de couleurs; couvercles surmontés d'un chien de Fô. Socles en bois noir de style chinois.

88 — Paire de vases en porcelaine de Chine, fond rose, décorés en relief d'oiseaux et de lézards, formant candélabres à cinq lumières, fleurs de lys en bronze. Socles en bronze.

89 — Paire de vases en porcelaine de Chine, décorés de scènes familières et de fleurs.

90 — Grande bonbonnière en porcelaine blanche, monture en bronze, couvercle orné d'une miniature : tête de femme en émail.

91 — Boîte-bonbonnière en porcelaine décorée. Style Louis XV.

92 — Brûle-parfums en faïence japonaise, anses et couvercle à chimères.

93 — Paire de vases en porcelaine de Chine, décor à personnages.

94 — Sept pots à crème, avec leur couvercle, en ancienne porcelaine ; décor de guirlandes de fleurs.

95 — Dix assiettes en ancienne faïence de Moustiers et Marseille; décors variés. (Sera divisé.)

96 — Quatre assiettes en ancienne faïence de Delft; décor polychrome.

97 — Potiche et deux cornets en ancienne faïence de Delft, laquée rouge.

98 — Bouteille et deux vases en faïence ; décor en bleu sur blanc.

99 — Potiche et deux cornets en ancienne faïence de Delft; décor à réserves de corbeilles en polychrome sur fond orange.

100 — Porte-montre en biscuit : amour tenant un cadre.

101 — Cruche en grès, médaillons à figures allégoriques et armoiries. Monture en étain gravé, ornée d'inscriptions. Datée: *1587*.

102 — Ecritoire en ancienne faïence d'Alcora, orné aux angles de quatre Chinois agenouillés.

103 — Vingt-et-une coquilles à glace, forme feuille, décor au naturel, en faïence.

104 — Un sucrier et une saucière en faïence.

BIJOUX, ARGENTERIE

105 — Montre et son boîtier en argent gravé et ajouré. XVIIe siècle.

106 — Tour de cou, avec pendentif, en argent ciselé et doré, orné de strass et pierres de couleur

107 — Paire de boucles d'oreilles et petit pendentif « Saint-Georges » en or, et argent émaillé, orné de pierres de couleur.

108 — Montre en or émaillé à fleurette.

109 — Bague en or avec miniature.

110 — Lot de débris divers : ornements, ciseaux, etc.

111 — Légumier avec son couvercle et son plateau en argent. Époque Empire.

112 — Poëlon en argent

113 -- Bague, pendentif et peigne, monture en
argent et métal, ornées de strass.

OBJETS VARIÉS

114 — Statuette de soubrette en terre-cuite de
Van Straeten.

115 — Statuette de fillette, fleurie de vigne. XVIIIᵉ
siècle.

116 — Médaillon en marbre, offrant en bas-relief
un buste d'homme, encadré de perles de
cuivre. XVIIIᵉ siècle.

117 — Ecrin de perruque en cuir brun, gravé et
doré au fer. XVIIIᵉ siècle.

118 — Deux petits cadres en bois sculpté.
Époque Louis XIII.

119 — Trois fourchettes et une cuillère.

120 — Un presse-papier avec sujet en albâtre.

121 — Deux éventails : l'un en écaille, l'autre monture en nacre.

122 — Fragment de narghilé.

123 — Miniature : portrait d'enfant.

124 — Petite longue-vue en nacre avec ornements et monture en métal doré.

125 — Bourse et deux fermoirs d'escarcelles.

126 — Quatre pièces en matière dure.

127 — Dix boutons en diverses matières, ornés de cailloux du Rhin.

128 — Petite plaquette en ivoire sculpté, représentant le triomphe de Diane.

129 — Deux tabatières en écaille et un étui ovoïde en bois sculpté.

130 — Un lot d'éventails modernes. (Sera divisé.)

131 — Miniature ovale : Portrait de femme, coiffée d'un chapeau de paille. Signée : *Linda*. Cadre en bronze.

132 — Miniature ronde : Portrait de femme
Louis XVI, tenant une branche de fleurs.
Signée : *Daru*.

133 — Paire de pistolets Louis XVI.

134 — Deux moutardiers en émail bleu, avec
réserves de personnages.

135 — Six salières en émail bleu, avec réserves
de paysage.

136 — Trois manches de couteaux en émail.

TAPIS, ÉTOFFES

137 — Belle carpette d'Orient, à dessin multico-
lore sur fond gros bleu ; bordure fond gris, à
vases de fleurs.

138 — Trois pentes ou bandeaux en tapisserie
au point, d'époque Louis XIII.

139 — Petit tapis de table en ancien damas
rouge.

140 — Lot de tentures diverses.

141 — Coussin en ancienne tapisserie au point.

142 — Trois bandeaux en applications noires
sur fond crème. Epoque Renaissance.

143 — Coupon de satin.

144 — Châle en crêpe de Chine blanc brodé.

145 — Quatorze draps en batiste.